계절은 커피 향기처럼

QR코드로 대표 영상시 감상하기

창작동네 시인선 174

계절은 커피 향기처럼

초판인쇄 | 2024년 2월 28일
지 은 이 | 여계화
편 집 장 | 정설연
펴 낸 이 | 윤기영
펴 낸 곳 | 도서출판 노트북 등록 | 제305-2012-000048호
주   소 | 서울시 동대문구 사가정로 256-4 나동 101호
전   화 | 070-8887-8233 **팩스** | 02-844-5756
H   P | 010-8263-8233
이 메 일 | hdpoem55@hanmail.net
판   형 | 신한국판형 130-210/ P144

ISBN 979-11-88856-77-0-03810
정 가 10,000원

2024년 2월_계절은 커피 향기처럼_여계화 제1시집

한국시 현대시

*잘못된 책은 교환해 드립니다.
*저자와의 협의로 인지는 생략합니다.

시인의 말

나의 유년 시절 시냇가에는
시심의 향기가 서리고 있었나 보다
꿈의 원을 그리던 밀알들이
현실의 꿈으로 돌아오기까지는
한 세월이 다 흘러만 갔고
첩첩산중에서 가물거리던
누적된 마일리지 같은 호롱불은
무의식의 친구를 소환하여
부메랑이 되었는지도 모를 일이다
시에 몰입하는 그 시간만큼은
무아(無我)의 세계에서도
고통과 희열 속을 오가며
오늘도 묵묵히 이 길을 가게 만든다
한적한 곳에 핀 들꽃 같은 마음을
세상에 감히 드러내고 말았으니
독자님께서 조언과 격려가 있으시길
나의 첫 시집의 인사말을 대신하련다

환갑을 기념하며

초연 여계화

목 차

009...1부. 계절은 커피 향기처럼

010...계절은 커피 향기처럼
011...겨울 나목이라면
012...눈 내리던 기억
014...어머니의 꽃길
016...나무 아래 앉아서
017...석촌 호수
018...일출
019...능금꽃 필 무렵
020...봉은사 홍매화
021...알수 없어요
022...벼랑 끝에서도
023...꽃샘추위
024...엄마와 쑥녀
026...찔레꽃 한송이
027...꽃 중의 꽃
028...지리산 여인
029...수선화
030...꽃밭에서
031...인생 사계
032...탄생화
033...고향 할미꽃
034...봄의 꽃동산
035...진달래
036...바람꽃
037...임 같은 봄
038...개나리
039...꽃편지

2부. 소담한 삶 인생 2회차

042...소담한 삶 인생 2회차
043...아이야
044...오 나의 장미여
046...꽃별에
047...연꽃 소원
048...담쟁이 용사들
049...내 인생의 하트
050...가뭄
051...사랑비
052...청자의 사랑
053...비밀의 정원
054...슬픈 인연
055...얄미운 여인
056...먼 산
057...혜화동 연가
058...여백의 뜰
059...고마운 사람
060...인지상정(人之常情)
061...어쩌다가 공사판
062...상록수
063...그대 떠난 빈자리
064...기러기 날개
065...구름 과자
066...상두
068...우산 받이의 하루
069...풍등

3부. 타인의 계절

072...타인의 계절
073...애기 단풍
074...먹는 입이 사치다
075...자유로운 삶
076...연필을 깎으며
077...나는 누구인가
078...고독한 달변가
079...힘이 들때면
080...부모
081...중년의 그리움
082...배려하며 산다면
083...남한산성
084...비의 랩소디
085...이미 늦은 사랑
086...내 안에 그대
088...벌초
089...청개구리
090...사랑하다 이별 후에
091...서울의 봄
092...솔직히 라는 나라 말쌈이
093...풍경 소리

4부. 은근 행복한 동네

096...은근 행복한 동네
097...메뚜기 한철에도 꿈이 산다
098...갈대의 노래
099...단양팔경
100...왠수 외나무 다리
101...영웅 가족
102...양푼이 매운탕
103...막걸리 인생
104...해바라기 연가
105...백일홍 오시던 날에
106...달이 된 사랑
107...가을 사랑
108...선홍빛에 물들다
110...계절의 이중주
111...이별 뒤에도 따스함이
112...가을날에는
113...가을 타는 남자
114...가을 산
115...갈등
116...가을보다 깊은 그리움
117...첫눈
118...떠나는 님
119...작은 기도
120...질투
121...정월 대보름
122...설산
123...일월의 단상
125...[시해설] 여계화 시인의 시세계
   영혼을 어루만지는 순정의 물음표_시인 윤기영

1부. 계절은 커피 향기처럼

심안에 머물렀던
커피 찌꺼기 꼭 짜내듯이
전성기 같은 한때의 열정도
휴면의 계절로 말없이 들어설 때

은은하게 물들여진 날들이
한껏 불태워져 뒤안길로 떠나는 모습
깔끔한 아메리카노 한 잔처럼
그 뒷맛이 참 좋다.

                    계절은 커피 향기처럼 중

계절은 커피 향기처럼

초연 여계화　　낭송 정설연

잿빛 하늘이 드리운
가로수 길을 걸어가노라면
빛바랜 갈색 추억들이 찬비 되어
가슴을 적셔 놓았지만

어느샌가 창문을 가려주는
갈잎의 커튼 사이로
느긋해진 마음의 여유에는
따뜻한 라떼 향기가 쌉싸름하다

심안에 머물렀던
커피 찌꺼기 꼭 짜내듯이
전성기 같은 한때의 열정도
휴면의 계절로 말없이 들어설 때

은은하게 물들여진 날들이
한껏 불태워져 뒤안길로 떠나는 모습
깔끔한 아메리카노 한 잔처럼
그 뒷맛이 참 좋다.

겨울 나목이라면

초연 여계화　　낭송 정설연

너와 나 사이에도
찬 바람 부는 겨울은 오더라
시간이 흐르면서 편해져
장미의 가시가 된 것처럼

한때는 서로가
찻잔에 어리는 향기처럼
따뜻한 감성만 나누었지만

동백도 눈에 덮여 슬피 우는
차디찬 이 계절에
누구는 떠나보내고
누구는 머물러 서 있는지

마음이 닫혀버린다는 것은
사랑의 마음이 사랑을 잃고서
다시는 볼 수 없는
이별을 더 사랑하는 일

이럴 땐 우리가
앙상한 겨울 나목이라면
하얀 눈이 펄펄 내리는 날엔
더욱더 아름다울 수도 있으련만

여계화

눈 내리던 기억

초연 여계화  낭송 김미현

친구 하나 믿고서
낯선 객지에 정착했지만
그는 뜻밖에 결혼을 선택했고
난 다시 혼자가 되었다

어느 주말 저녁
맥없이 길을 나서자마자
눈발이 펄펄 날리기 시작했다

거리마다 전파상 스피커에서는
이선희의 J에게가 끝없이 흘러나오고
나는 다정한 연인들 속에서
외로운 승냥이처럼 떠돌았지

지쳐서 돌아온 자취방은
혈색 없는 형광등 불빛만이
고독을 달래주듯 윙윙거렸고

낯설은 아침은
기억 없는 꿈과 시간 앞에서
홍역 끝에 남겨진 미열을 느꼈었지

오늘 밤도 그날처럼 눈이 펄펄 날린다

나는 강아지처럼 꼬리를 흔들며
찬란한 눈꽃속으로 빠져드는 중이다

여계화

어머니의 꽃길

초연 여계화 낭송 김미현

오로지 자식위해
묵묵히 일만 하시던 나의 어머니
가을걷이 부지런히 끝내시고
뒷뜰에 갈잎 소리마저 푸근한 밤

어머니 허리를 안고 누워
목청껏 불러대던 딸의 노래 시리즈
그중에 어머니의 십팔번 애창곡

찔레꽃 붉게 피는 남쪽 나라 내 고향
언덕 위에 초가삼간 그립습니다
자주 고름 입에 물고 눈물 젖어
이별가를 불러주던 못 잊을 동무야

어머니는 흐뭇하게 웃으시며
시집올 때 헤어진 내 동무들 생각나네
야야 목 아플라, 이제 고만해라

간밤에 남몰래 지던 낙엽은
고별 인사가 되어 생살을 꼬집는데
철부지 같은 지아비 자식들 남겨두고
어찌 가시려고 묵묵부답이신지

효도 한번 못한 여식
가슴에 쌓인 모정 어이하라고
세상 시름 훨훨 벗어 버리고서
꽃신 신고 사뿐사뿐 가시던 길

아깝고 되돌리고 싶어서
산천초목도 길을 막고
목놓아 흐느끼며 울고 또 울었소.

여계화

나무 아래 앉아서

나무 아래 앉아서

나무가 들려주는
다양한 음악들을 들으면
삶이 풍요로워짐을 느낀다

여러 사람들이 보내 준
시와 사연들을
나무가 잔잔하게 낭독할 때면

듣기만 해도 위로가 되고
편안한 목소리는
새보다도 맑고 평화로워라

추운 날에도 사람들은
나무 아래로 모여든다
마음의 온도 유지하려 함인지

굳은 심지 곧게 뿌리내린
나무 아래 앉아서

고요히 사색하는 일은
우리들 가난한 마음속에
성소 하나 들이는 일 아니런가

석촌 호수

마음이 공허한 날
8호선 열차를 잡아타고
빌딩 숲 호숫가로 간다

간밤에 맺힌 이슬
출처 없는 에고를
역이란 역마다 부려놓고
우울을 싣고 달려왔다

고공속 낙하 놀이에
벚꽃은 팝콘 터트리는데
도심 속에 서 있는
그를 보자마자
나의 넋두리 섞인 푸념이
하도 기가 막힌 지

그의 맑은 두 눈은
그저 물끄러미
내 마음 들여다볼 뿐
나는 그만
부끄러운 아이스크림이 되어
피식 웃고 말았다

여계화

일출

바람이 윙윙 몰아치는
새벽 바닷가
모래 발자국 남기며
널 향해 걸어본다
파도는 거침없이
발끝에 간지럼 태우고
구름 뒤에 네 모습
노을처럼 번져만 갈 뿐
가까이하기엔
서로가 짐이 된 사랑
바다에는 보물들이 많다고
소라들의 귓속말
기어이 활활 타올라
삼켜지는 번뇌가 웃는다

능금꽃 필 무렵

저녁밥 먹고서
논두렁 사잇길로
마실 나갈 때면

개굴개굴 개구리
숨넘어가는 사연에
온 동네가 휘둘리네

도랑물은 졸졸졸
달빛 고이 내려와서
대낮같이 밝혀 놓고

동무들과 손잡고
과수원 길 지날 때면
탱자나무 울타리로
유혹하던 능금꽃

뚝방길 따라서
별 하나 별 둘 별 셋
꿈을 먹던 친구들
늘 그립고 보고 싶다

여계화

봉은사 홍매화

대웅전 뒤뜰 층층 계단 딛고 올라
수도산 드리운 미륵 품속 아늑하니
홍매화 보살 웃음꽃 만발하였네

천 년의 땅 사바세계 떠난 고요가
어느 인연으로 맺은 초심에서
님의 충만한 사랑으로 만개한 꽃

길손마다 환희로운 탄성 소리
붉은 입술 가슴에 경전 새기듯
툭툭 떨어지는 감로수의 봄날이여

알 수 없어요

아름답고 질서 정연한 곳
당신 아닌 것 하나도 없는데

어젯밤 달님은 바이러스 감기에
링거를 꽂고 몸져누워버렸고

오늘은 저 태양조차도
잠복기를 거쳐 심한 현기증에
눈비 마시며 자신을 달래고 있죠

당신의 내공은
지금 눈앞에 불어닥친 고통에도
그저 묵언으로만 지켜볼 뿐

홍매화 움 틔워도
겨울은 가기 싫은 듯
끝내 봄을 내어주시려는지

사람들은 당신만 믿고 있는 눈치네요
그 어떤 잘잘못도 가려내지 못한 채

여계화

벼랑 끝에서도

살다 보면 뜻하지 않게
힘든 날도 오더라

깊은 한숨
하늘 끝까지 닿고도
먹구름 엎친 데 덮쳐

두려운 나머지
낯 두꺼비 가면 쓰고
무작정 뛰어든 망망대해

불어라 풍랑아
휘청휘청
노 저어 가는 사공 되어

오래오래 견뎌내야만
순풍의 돛이 펄럭이는지

쉼 없이 달리고 달려서
벼랑 끝에서도
봄이 오네 꽃이 피네

꽃샘추위

갈 것은 가고
올 것은 와야 한다고
햇살 같은 마음만
나는 믿었다

변명 같지 않은 변명은
세상의 순리보다
더 진리 같아 보여서
나는 울었다

믿는 마음도
나의 몫이었고
가슴 아파 우는 일도
내 그릇이었다

누구나가
다름을 인정하라며
잠시 잠깐
매서운 바람이 불었나 보다

여계화

엄마와 쑥녀

사춘기 시절 숙녀에게로 가는 길은
비밀스러운 고통이었다

대신 아프고 싶다던 울 엄마
봄처녀 쑥녀들이 당첨되어
인정사정없이 우물가로 데려와서는

돌로 으깨고 빻아 베보자기에 비틀면
하얀 사발에 초록 눈물 뚝뚝 떨어지고

나는 그 쓰디 쓴 비상약을
응석 부려가며 단숨에 벌컥 이곤 했다

그날부터 장독대 위엔
쑥녀들의 눈물 속에 달과 별이 떠 있었고

새벽이슬과 하룻밤 합방한
엄마표 민초의 한방 생쑥탕은

수시로 내게로 들락거리며
효과는 백점에 백 이십 점
나를 고통에서 살려낸 울 엄마

봄이면 쑥녀들 지천으로 오건만
한번 가신 울 엄마는 하얀 찔레꽃
머리에 이고만 계실까

여계화

찔레꽃 한 송이

고개 너머 사는 이 가
날 보러 오는 길에
찔레꽃 한 송이 꺾어왔다

찔레가 나 때문에 아팠겠군
그래도 네게 주고 싶어서
서로가 주고받던 말

식탁 위에 자리 잡은
울 엄마꽃 찔레꽃은
고향 산천 하얗게 물들이던 꽃

오가며 바라보니
전해오는 향기가 너무 따뜻해

어린 시절 친구들과
찔레순 따먹던 그 길이
밥상머리에서 맴맴 돌고 있다

꽃 중의 꽃

화창한 꽃동산
온 동네잔치 벌어졌네
하늘가에 피어난 한 송이 꽃
유난히 돋보이고
향기에 취한 몽롱한 벌나비들

이꽃 저꽃
소쩍새 부엉새마저
부질없는 시샘에
친구도 우정도 아닌
질투의 화신 그들도 친구인지라

꽃 중에 꽃은
천사 같은 미소로
모두를 사랑했으므로
그 향기 천리 만리향이 되어
바람을 가르며 잘도 가는구나

여계화

지리산 여인

빗살 고운 창호지 문 달고
등나무 그늘 마루에 앉으니

고요한 산천이 내 집이요
발아래 꽃들이 낙원이라

도심에 지친 한 많은 여인
실타래 한 올씩 풀어헤치니

사랑도 미움도
한 줌 바람에 내어 놓으리

진달래꽃보다도 외롭고
아미 새처럼 고독한 눈매

밤이면 별빛에 시어를 줍고
마음 쉼 자리 찻잎에 띄워

제2의 인생 지리산이여
칠선계곡 자유의 꽃이 되었네

수선화

무조건 나를
아끼고 사랑해 주던
그런 사람이 당신이었지만

나의 부족한 사랑에 그만
당신은 등을 돌려 떠나버렸고

난 모든 것을 잃었다는 생각에
뒤늦은 후회로 넋을 잃고 말았지요

돌아오라고
애원하고 매달리며
긴 세월 기다려도 보았지만

영원히 돌아오지 않는
내 심장에 박혀버린 한 떨기 꽃

죽어도 잊지 못할
나의 천사 나의 사랑이여

여계화

꽃밭에서

이곳은 아름답기 그지없지만
어찌 고운 사연만 있었으랴
마주치면 미움도 사랑 되고
내쉬는 꽃 숨결마다
저마다 향기가 나기까지

삶의 끈 움켜쥐고
하늘만 쳐다보던 시들한 꽃도
마음에서 고생 끝내니
시꽃 같은 인생의 꽃도 피더라

인생 사계

꽃망울 터지던 봄날에
목을 축이던 단비로 와서

불꽃같은 태양 가슴
한여름 활짝 핀 꽃 입술 주던 너

가을날의 깊은 사모
여문 꽃씨 되어 땅속으로 떨어져
새로운 앞날의 환생을 꿈꾸었지

겨울은 무심으로 돌아서고
무상의 고통 속에 통곡하는 너는

또다시 누군가를 갈망하는
업의 굴레로 다시 만나지려나

여계화

탄생화

스스로 안았던
멍에의 생채기에도
새살이 돋아날까

처절한 외로움과
길고 긴 고독의 시간
다 녹고 녹아라

진주처럼 영롱한
사랑 희망 용기를
가슴 깊이 품었기에

절망을 딛고
다시 태어난 너는
어여쁘고 순결한
탄생화라 부르고 싶다

고향 할미꽃

어릴 적 뒷산에서 혼자 놀다가
무덤가 양지에서 처음 본 할미꽃

촘촘히 둘러앉아
도라지 타령 노랠 부르며
복실 한 조끼에 자주 고름 말아 쥐고
더덩실 춤을 추던 할미들

밤마실 다닐 때면
울 할미 무릎에서 잠이 들고
집으로 돌아오는 길은
달빛이 내려와서 바래다주었지

젊어서는 모진 시집살이
늙어서는 며눌에게 의지하며
죽고 못 사는 동무들과
얼씨구절씨구 저 절씨구

명줄이야 길던 짧던
이름값은 따논 당상이니
박복한 인생 이만하면 됐다며
저승길도 줄줄이 사탕으로 가시던
전설 같은 내 고향 할미꽃

여계화

봄의 꽃동산

산모퉁이 돌아오니
각양각색 꽃망울들
방긋방긋 웃음 짓네

꽃길에 서서
이루지 못한 내 사랑의 밀어도
풀어놓았지

향기로운 꽃바람이 데려갔나
구름 따라 노닐다
하늘가에 피어난
그리움 하나

치맛자락 나풀대며
님 소맷자락 사랑 매듭 엮어
꽃 이야기 주고받던

옛님 얼굴
살며시 꽃잎위로 날아와서
나비가 되어 날아간
봄의 꽃동산

진달래

봄이면
앞산 뒷산 지천으로
절로 피는 진달래야

그리움 절절하고
보고 싶음 기절해서
바람결 따라가면
그댈 만날까

붙잡아 놓고
말이라도 해볼걸
어긋난 사랑
기다리다 지쳐서

꽃이 되어 만나자고
밥 한 끼 같이 먹자고

소복소복 분홍 꽃밥
수백 수천 그릇
잘도 퍼담아 놓았어라

여계화

바람꽃

인연설이 서러워
꽃의 심술 가없고
서산에 걸린 해는
소나무 달 그리워라

인욕의 달 꽃 하나
끝내 피워내 고저
오리무중 마음길에
노둣돌을 놓아도

설레임 향기 꽃자리
무지갯빛 고운 언약
영원의 꽃 피고 지는
한 떨기 바람꽃 같아라

임 같은 봄

좁다란 길을 따라
그대가 옵니다

나를 보자마자 홍조 띤 얼굴로
예쁜 임 사랑해도 될까요
첫눈에 반했어요

그대의 프러포즈
너무 따스하고 온몸이 간지러워
다짜고짜 냉큼 안겨버렸어요

불같은 그대는 성질이 급하죠
나는 천성이 느려서
이래도 되나 싶죠

하지만 나도 사랑해요
나 역시도 첫눈에 반했어요
정말 너무도 좋은 그대
어찌하면 좋을지

여계화

개나리

보일 듯 말 듯
잡히지 않던 꿈

터질 듯 말 듯
안간힘을 쓴다고 되진 않았지

햇살도 꽃샘도
뒤엉킨 삶의 고뇌 끝에

수없이 쓰러지며
금메달을 거머쥔 선수처럼

마침내
인생에 해뜬 날
노란 별꽃의 드레스가 눈부십니다

꽃 편지

사랑과 감사의 마음
어찌 일일이 답신할까요

이럴 땐 부지런한
새가 되어 살고파요

분에 넘치고 감당치 못할
사랑의 시점일지라도

시가 되고 사연되어
끝없이 꽃길을 갑니다

하늘에는 눈꽃이
손에서는 꽃 편지가

허공을 향한 연결 고리
봄꽃으로 피어나겠지요

여계화

2부. 소담한 삶 인생 2회차

지우고 싶은 삶의 낙서들도
모두가 아름다운 꽃봉오리 같고
사랑할 날들이 얼마나 남았는지
괜스레 손꼽아 보게 된다

길섶에 홀로 핀 맨드라미의 안쓰러움
혹시나 나였는지
가만가만 다가가 만져 보면
바람꽃처럼 허허롭고

        소담한 삶 인생 2회차 중

소담한 삶 인생 2회차

인생에 한 획을 긋고보니
아쉬움이 더 많지만
지금은 감사가 더 크게 다가온다

지우고 싶은 삶의 낙서들도
모두가 아름다운 꽃봉오리 같고
사랑할 날들이 얼마나 남았는지
괜스레 손꼽아 보게 된다

길섶에 홀로 핀 맨드라미의 안쓰러움
혹시나 나였는지
가만가만 다가가 만져 보면
바람꽃처럼 허허롭고

골방 신세였던 자화상들
스스로 먼지 털고 나오려 한다
꽃잎 같은 세월 탓이라
나를 욕하진 마라 살살 달래 놓고

난 지금 갓 태어난
인생 2회차 한 살배기 어른 아이
열두 폭 병풍 접히는 그날까지
소담한 삶 묵묵히 그려낼 뿐 이라네

아이야

아이야
온 세상이 너처럼
맑고 깨끗하면 얼마나 좋을까

너의 개구쟁이 심술에도
함박꽃이 피는 것은
너의 순수한 잔영이
나를 보고 웃고 있기 때문이지

아이야
세상이 너를 때 묻게 하려 해도
아직은 물 들지 않은 것이
얼마나 고마운지

아이야
날마다 너를 보고 살 수 있어서
나는 청춘으로 늙지도 않는구나

여계화

오 나의 장미여

첫눈에 반해서
내 마음 모두를 주었죠

하지만
꿈쩍도 안 하는
당신 정말 미워 죽겠어요

당신의
꽃내음에 취하고
싱그러운 웃음소리에
내 가슴이 녹아내리고 있어요

사이다 콜라같이
톡 톡 쏘는 가시 돋친 말투
저는 괜찮아요

그것조차도
진한 매력이란 걸

이런 내 맘 받아만 주신다면
이 한 몸 다 받쳐서
오로지 당신만을 위해 살겠소

제발 받아만 주소서
부탁이오

여계화

꽃별에

내 인생 고달프다고
바람 부는 사막에서
긴 한숨의 독백을
눈 못 뜨게 퍼부어놓고

주체할 수 없는
내 안에 서러움이
차디찬 독화살 되어
별빛 속을 걸어 나올 때

다시는 널 찾지 않겠다고
천 번 만 번 다짐하며
너 역시 더는 나를
기억하지 말라고 울었지

오늘 밤은 웬일인지
너의 졸린 눈과 하품
초라한 어깨가 측은해 보여
나 철들면 넌 떠나겠지

연꽃 소원

진흙에도 물들지 않고
초연히 피어난 연꽃 앞에서
내 마음도 지금부터
청아하고 아름답게 살자며
소원 빌었네

한 방울의 이슬까지
남김없이 떨어 버리는
연잎의 지혜 앞에서

끝없는 찬사 보내며
내 마음도 지금부터
지혜롭게 잘 살아가겠노라
소원 빌고 또 빌었네

집으로 돌아가는 길은
빌었던 소원
까마귀가 물어 갔나
탐진치만 쌓여가는 서글픔

아 연꽃이여
제발
굽어살펴 주옵소서

여계화

담쟁이 용사들

너도 없고 나도 없는 공존의 시대 속에
필살기로 뭉쳐진 푸른 제복 전우여

선두주자 지휘 아래 수만의 군사력
담벼락에 엎드린 채 숨소리 파르르

한치의 여백 없이 후퇴 없는 전진만이
사나이 가는 길 혹독하고 힘들어도

단결된 초록 물결 우정의 행진곡은
쳐다만 보아도 든든하고 평화로워라

내 인생의 하트

내 인생에 하트가
이리도 많을 줄이야
난 몰랐네 이런 날이 올 줄은

어제도 하트 뿅
오늘도 하트 뿅
내일도 그랬으면 좋겠지만
마음 편히 살련다

시도 때도 없이
날아오고 날아가는
이런 세상 아직은 살만하구나

때론 의미 없는 하트도
더러는 날아오지만
새빨간 하트가 나는야 좋아

세모야 네모야
너희들도 이리저리 시달리다
결국 예쁜 하트가 되어 오너라

여계화

가뭄

물 한 모금 없는
사막에 있소이다

바람이 났소이까
태양의 여신과
사랑놀이 싫증 나오

그 임에게 반한마음
내 속 다 타서
죽는 꼴 보고 싶소

정화수 떠놓고
기우제 올리오니
나와 내 자식들 입속에
밥 좀 넣어주시구려

사랑비

생명을 어루만지는 손길
지금은 어디쯤 머무시나요

수천 개의 사랑비 되어
나에게도 다녀가신 님

소식 한 자 없이 오시고
소리소문없이 가시기에

가실까 봐 조바심이 나고
잡으려는 사람만 많아요

당신은 참으로
소중하고 멋진 분이랍니다

여계화

청자의 사랑

어느 날 나는
장인의 눈에 띄어
은은한 초록으로 빚어졌지만

삶은 너무나 고독하기에
사랑 그 자체도 쓸쓸함이여

생이 다하도록
영원히 함께하자던
그녀의 약속은 순수였는지

내 가슴에 와 닿은
단 하나의 인연
사랑이어도 차마 잡지 못하고

나의 전생을 거슬러
불꽃 속에 단련된 습기
몹쓸 이별마저도 뜨겁게 삼킨다

비밀의 정원

내가 살면서
힘들고 외로울 때 찾아오는
이곳은 주인도 대문도 없는
일방통행으로 들어서는 문이다

고요히 앉아서 먼 산 바라보다가
식은 종이 커피잔 속에
희미한 그리움들이 지나가는
나만의 힐링 장소이자
비밀의 정원이다

이런 곳 하나 정해놓고
마음 정화하는 이 시간은
내 모습 속에 얽힌 또 다른 이들을
위로하고 다독이다가
꽃이 되고 새가 되어 돌아가는 곳

나는 이 비밀의 정원을
아무런 대여비도 들이지 않고
몇 년째 혼자 사용하고 있으니
참으로 행복한 사람이 아닐 수없다

여계화

슬픈 인연

못 잊어서 그리워서
봄바람 따라 오시던 길
라일락 꽃향기 머릿결에 스치듯
그대와 나 한 마리 철새가 되었나요

나직이 숨죽이며
손톱 끝 발그레 수줍던
분홍빛 추억의 솔밭길에는
눈부신 이팝나무 사연만 서럽습니다

비 스친 나뭇잎새마다
그리움의 녹음은 짙어만 가는데
상사화 시린 마음 저 하늘 구름은 알까

서로가 안타깝고 보고 싶어도
만날 수 없는 마음의 거리가
산봉우리 운무 따라 점점 멀어져만 갑니다.

얄미운 여인

누구나
한번 보면 정을 느끼는
그 여인을 못 잊어

남자의 애간장
사정없이 녹여놓고
차갑게 돌아선 무정한 사람

아무리 지우려도 지울 수 없어
가슴 치며 울먹이는
사나이 마음

왜 내가 정을 줬던가
천사 같은 그 미소
눈가에서 영영 떠나질 않는데

미련 두지 말자
이제는 보내자 해도

세월이 나를 잊기 전
차마 보낼 수 없는
얄미운 나의 여인아

여계화

먼 산

산기슭 홀로 핀 꽃잎은
오가는 것 몰라도 물 위에 한가롭고

들풀같이 순수한 설레임
바람의 연가 되어 산허리에 앉는다

심산유곡 억겁의 물소리
무심으로 흐르면 그만인 것을

나침판 없는 삶의 한복판
인생을 찾아 사랑을 헤매 도는

스스로 선택한 꽃길도
구름처럼 떠도는 아득한 먼 산일뿐

가슴에게 하고픈 말
차라리 눈 감고 차나 한잔 마시게나

혜화동 연가

낯선 거리 풍경들이
설렘 속에 빗방울 튕기고
품을 수 없는 가슴은
마로니에 공원에 묻어둔 채

긴 세월 강 건너
봉숭아 꽃물 들이듯
살며시 스며든 사랑의 인사

목련꽃 겹겹이 싸매
숨기고 아껴둔 하얀 순결 앞에
목메이게 울어봐도
맺을 수 없는 사랑아

가슴에 심은 꽃씨 하나
싹 틔울 수도 있으련만
꽃잎 나부끼던 길모퉁이
봄바람 향기 속으로 날려 보낸다

여계화

여백의 뜰

이런저런 날들이 모여
지금의 내가 된 나는
옛날로 돌아가고 싶진 않다

한가로운 뜰에는
별다른 걱정꺼리도 없고
지금 이대로가 좋아서다

과거와 현실에서
더이상 얽매여서 무엇하나
매사가 흘러가는
물 같은 인생인 것을

나무는 허허롭게 웃고
꽃들이 피고 지는
나만의 여백의 뜰에서

이유 없이 조건 없이
지금 이 모습 이대로
그냥 하루를 사는 거란다

고마운 사람

마음의 물길 알 수없고
지렁이도 밟으면 꿈틀인데
요지부동 초월적인 사람
그 마음엔 백 여시 또는
천년 묵은 이무기가
항시 똬리 틀고 사는지
세상살이 여유로워
혀의 화살 수없이 맞으면서
당장은 을처럼 보이지만
결국은 사랑받고 존경받는
코끼리처럼 당당한 인격
을이 을이 아닌 제대로 된
진짜 갑으로 사는 그가
늘 편안하고 고맙기 짝이 없다

여계화

인지상정(人之常情)

어느 카페에서 만난
수려한 화초 한그루
구면이라 익숙하지만
이름은 생소한 여인초란다

일가친척 만난 듯
인증사진 한 컷에
무언의 인사 나눴으니
사람 사는 세상이야 오죽하랴

성씨만 같아도
고향 사람 만난 듯이
마음이 스스럼없이 열리고
간단한 질문 공세
바로 엮어 들어가지 않던가

누구도 못 말리고
누구도 말리고 싶지 않은
백의민족만이 느끼는
잔잔한 안간 미가 아닐는지

어쩌다가 공사판

갈수록 태산처럼
바늘방석 괴롭기 짝이 없는데

자릴 떠는 사람은 없으니
배려인지 인내인지
사랑일까 외로움일까

그래도 뒤끝들은 있어가지고
오늘 만남의 현장은
뼈대 없는 부실 공사라고
여기저기 불만들이 터져 나왔지만

어쩌다가 공사판도
집 하나 떡하니 세워져
인생 공부로 낙찰되었다고
게시판에 공고가 나붙어버렸음

여계화

상록수

아 그립다
그 시절
푸르게 푸르게
찬란하게 빛났잖아

그렇게
아쉽게 멈춰질 줄은
정말 몰랐거든

그러다가
마음에서 바라보기 시작한
그때가 바로 너야

그래서
언제나 행복한
내가 될 수가 있었나 봐

그대 떠난 빈자리

그가 떠났다
그가 남긴 자리에는
아스라이 고인 눈물 끝에
시린 언어들이 안쓰럽다

누가 그리도
쉽게 갈 수 있느냐고
누가 그리도
쉽게 보낼 수 있냐고
서로가 묻지도 못한 채

떠나는 그대
너무 아쉬워 말아요
어차피 우린
사랑 반 아픔 반으로
살아왔으니까요

멀리서도
그리움이 오면
그대 빈자리
모두 사랑으로 채워지겠죠
부디 잘 가요 그대여

여계화

기러기 날개

그 누가
기러기 아빠라는
낯익은 딱지를 새겨 놓았나

삶의 공간에
스미는 절룩거림
그 누구도
방파제가 되어주지 못하는
극한의 외로움

밤이면
이국 만 리 가족들과
만질 수 없는 유리벽 하나 쳐놓고
내 고향에서의
또 다른 타국 생활

커피, 한 잔 식빵 한 조각
그렇게 시작되는 하루의 기도는
오늘만큼은 제발이지
두 날개가 온전하기만을

구름 과자

도대체 그 님에겐
무슨 매력이 있는 건지

눈만 뜨면 실내복차림에
머리는 남산만 하고
슬리퍼 끌고 휭 나간다

검지 중지 사이에서
입술을 오가며
밤새 안녕했던 찐한 포옹

아침밥 대신
세 굴뚝에서 찍어 나오는
도넛츠 한두 개와
편의점 캔 커피 한 개

반은 한 줌의 연기로
반은 발아래 나신으로

이젠 포기다
얼레고 달래봐도
둘 사이는 못 말리겠더라

여계화

상두

어린 시절 나는 얌전했지만
내 동생 상두에게 만큼은
쓸데없이 야멸찼더라

맛난 것 있으면
동생 주지 말라고 투정 부릴 때면
엄마는 철없는 딸 살살 달래시고

그 말씀이 오히려 야속해서
더 못되게 굴어도
그러거나 말거나 누나 누나 하면서
부엌까지 졸졸 따라 와서는

누나가 세상에서
제일 예쁘다고 말해 주던
순하고 착하기만 했던 상두가
오늘따라 너무 보고 싶다

객지로 떠돌며 고생할 때
하늘에서 부모님이 보셨더라면
얼마나 가슴 아파하셨을지

상두야 상두야
가끔씩 그 이름 나직이 부르다가
괜스레 마음 무너져 울음 터지던 일
한 두 번이 아니었지

돌아올 수 없는 세월 앞에
이젠 세상도 변했고
상두도 많이 변했더라

당당한 사내 중에 사내가 되어
그 옛날 새침데기 나는 어딜 가고
상두 앞에서 깨갱하며 산지가 오래다

여계화

우산 받이의 하루

오늘처럼 비가 오는 날은
문간에 우두커니 서서
묻어오는 사연의 빗물 방울들
온몸으로 받아들이는 게
나의 존재랍니다

어떤 사람들은
휴짓조각 껌 종이 초콜릿껍질
심지어는 이쑤시개까지
내게 던져주곤 태연히 가버리죠

해는 지고 어두워
볼썽사나워진 하루 끝에는
쥔장은 나를 집으로 들여놓으며
그 잘난 맷집으로
한방 후려치기까지 합니다

지치고 멍든 밤이 오면
나의 존재는 그제사 또렷해지고
젖은 몸 이리저리 뒤척이다
은하수 몇 바퀴에 꿈나라로 가지요

풍등

도톰한 입술 내밀어
풀꽃 치마 입은 연두 아씨
사내들 마음도 모르나 봐

어제는 윗마을 매화꽃
느닷없이 내려와서
마음 심 쿵 만들어 놓고
나 몰라라 돌아서더니

오늘은 아랫마을 갔다가
벙글어진 벚꽃 유혹에 빠져
또다시 차오르는 그리움

봄이 다 질 때까지는
흔들리고 흔들려서 그만
풍등 하나 내 걸고서
부디 잊지 말라고

여계화

3부. 타인의 계절

그해 겨울 너는 말없이 떠나버렸고
봄꽃들은 찾아와 피고 지는데
나는 시린 그 겨울에 한없이 서 있었다

문득 촛점 없는 눈빛으로
풀잎에 맺힌 사랑 한 줌 꺼내 들면
고운 이슬에 비치는 너의 모습

       타인의 계절 중

타인의 계절

너와 나의 엇갈린 인연이
청록색 가로수 길을 가로지르며
버스 창가를 신나게 달려갔다

길을 걷다가 생각이 난다며
내 손에 쥐여주던 빨간 능금 한 알과

진눈깨비 서글피 내리던 날
멀리서 날아든 너의 따스한 편지도
내겐 아무런 의미조차 없었는데

그해 겨울 너는 말없이 떠나버렸고
봄꽃들은 찾아와 피고 지는데
나는 시린 그 겨울에 한없이 서 있었다

문득 초점 없는 눈빛으로
풀잎에 맺힌 사랑 한 줌 꺼내 들면
고운 이슬에 비치는 너의 모습

우린 서로가 너무도 철이 없어서
눈처럼 맑고 어설픈 사랑을 했었구나

애기 단풍

처음엔 그랬어
어디 한번
붉을 테면 붉어 보라고

초록 섬은
지칠 줄도 모르는
마법의 성으로 변해갔어

해맑은 웃음이 가득했고
고운 날들을 만들기 위해
늘 생각하고 삶을 즐겼어

때로는 피죽이 되어
힘없이 축 처질 때면
잠시 휴식을 취하긴 했지만

엄마의 젖먹던 힘까지
마지막 필사의 노력
황홀한 꽃 단풍 눈물겨웠지

그리곤 미련 없이
가을 속으로 걸어가 버렸어
온전히 타버린 사랑이 되어서

여계화

먹는 입이 사치다

먹는 게 남는 장사라고
끊임없이 먹어대도
마음의 허기를 채울 순 없다

양장점처럼 딱 맞는
단아한 진미 밥상
누군들 마주하고싶지 않으랴

입속에서 찬사 받으며
목덜미를 타고 어둠을 맞이한 순간
국 맛도 모르는 국자가 되어

비싼 밥 먹여 줘봐도
오장육부는 시간 개념만 있을 뿐
식탐의 관문은 멀고도 험한 것

금방 먹고 또 먹고
또 먹게 될 기분 좋은 상상
먹는 입은 말도 못하게 사치스럽다

자유로운 삶

운명의 업으로 태어나
내 생각과 말 행동으로

삶의 이 모습
한 치의 오차도 없이
지금의 결과를 이루었네

잠시 왔다가는 인생
몇 백 년 사는 것도 아닌데

집착과 두려움
본래 없는 그 마음에
자유로운 삶이 얼마나 좋은가

선근의 종자 씨앗
올곧게 내리길 바라는 마음에
서산 노을은 붉게 타올라도

남은 생 울타리 잘 가꾸며
마음의 질량도 키우며 살리라

여계화

연필을 깎으며

뚝 뚝 뚝
너와 나의 관계는
무척 조심스러워야 하고
왜 이다지 삐걱거리는지

이 사소한 일을
쉽게 포기할 수는 없고
갈 때까지 가다가 보면

어라 어라
거듭 실패를 맛보며
반드시 성공에 도달하는
사소한 결과물이 되기까지

작은 공 들이고 들이면
그도 까만 심장 내보이며
결국에는 나와 하나 되어
하얀 여백 채워 놓았다

나는 누구인가

외롭다 괴롭다
느끼며 사는
나는 누구인가

무엇이든
채우려 비우려 애써는
우리는 누구인가

쉽게 살고 싶다면서
굳이 힘든 길만 간다

기쁜 일 좋아한다면서
슬픈 일만 불러들인다

너나 나나
잘나도 못나도
다 같은 인생인데

누구는 되고
누구는 안되는

정말
나는 누구인가

여계화

고독한 달변가

무궁무진한 레퍼토리가 있는 사람
누에고치의 실밥은 끊어질 줄 모르고
바닷물이 마르고 닳도록도 모자라서
굶주림을 모르는 고봉밥이
때로는 염증이 나기도하지만

누군가를 만나서
꾸다 놓은 보릿자루에
말 주변머리도 없이
서로가 밑천 떨어진 사람처럼
멍하니 앉아 있다 보면
달변가 생각도 살짝 날 수밖에

귀를 즐겁게 해주고
지식을 제공해 주는 그 사람
어느 날은 병이 났는지
입을 꼭 다물고 경청만 하는가 싶더니만
결국엔 고독이 북한강 봇물처럼 터져버렸다

힘이 들때면

사는 게 힘이 드는가

그럴땐
이런저런 씨앗들
하나 둘
슬쩍슬쩍
땅에 떨궈 놓으며 살자

지금 당장은
어렴풋이
별 기대가 없어도 좋을 테고

먼 훗날
그 결과 바람 불어와
꽃무리 가득한
뜻밖의 세상으로 장식된다면

인생아 고마웠다고
웃으며 말하리니

여계화

부모

왜 몰랐을까
부모님 살아계신 집
꽃 대궐이었다는 걸을

이 한 몸만 잘 먹고 잘 살기 위해서
부모님 생각 안중에도 없을 때
부모님은 기다림도 모른 채
어느날 홀연히 가시었네

가신 뒤에야 알았네
살아생전 효도 못한 불효의 가시가
긴긴날 두고두고 목젖에 붙어살고
부모님 안 계시는 마음이 가난한 집
스스로 면치 못해 눈물만 흐르네

중년의 그리움

인드라망 같은 인연의 끈으로
얼마나 얽히고설키었던가

한때는 서로가 다정했던 사람들
시절 인연 따라서 멀어져 갔지만

걸어온 뒤안길 돌아다보니
중년의 나이에 그리움뿐이구나

나를 향해 태양 빛 아래 목말랐을
나무와 꽃들도 더러는 있었을까

지금쯤 어딘가에서 그늘이 되고
꽃망울 되어 잘 살아가고 있겠지

내 곁을 왕래하며 서로를 기억하는
향기 열매에는 싹이 트고 잎이 자라
알토란이 되어주었다

아직도 덜 익은 중년의 그리움에는
시금털털한 열매 한입 베어 무는
아쉬움만이 가득하여라

여계화

배려하며 산다면

우리들 마음이 사막일 때
날마다 배려의 나무 한 그루씩
사람과 사람 사이에 심어 놓는다면

아주 느리게 걸음마 하는
여리고 순한 아이들 세상에서

초롱한 눈빛이 초록 세상으로 번져가고
어느 날엔 울창해진 숲속의 향기는
요정들의 팅커벨 울리는 소리가

남한산성

망초 꽃 피던 호시절 지나
우여곡절 산 넘고 물 건너서
공생의 삶 윤회로 이어져
지화문 느티나무는 새살이 돋았다

멀고 아득한 망각의 강 너머로
세월의 쓴 약초를 달여 마시고
행궁은 다시 망월로 떠올라
용케도 터 잡고 집 한 채 지었는지

굽이굽이 성곽길 돌고 돌아
수어장대 돌담 의연한 무궁화 꽃
먹구름 걷힌 서문 하늘가에서
황홀한 도심의 야경을 볼 줄이야

인고의 벼랑 끝이 빚어낸
한편의 역사 대하드라마
사계절 아름다운 산성의 둘레길은
말발굽 소리 대신 산객들 넘나들고

벌봉 재 넘어 암자까지
이름 모를 산 제비도 따라와서
가신님을 향한 그리움의 행진곡
가슴마다 한 송이 꽃을 받치나이다

여계화

비의 랩소디

그 거리 그 찻집
열정의 눈빛 쏟아내던
라일락 향기도 한때인 것처럼

산등성이 한여름 소낙비도
찬비 속으로 내달리던
쓸쓸한 연가가 아니던가

이렇게
비가 온종일 내리는 날은
머리맡에 테이프
긴 장르의 음악 틀어 놓고
그 빗길 따라 한없이 가다 보면

그땐 너무 향기 나는
진하디진한
사랑만을 고집했는지

지금은 낯선 이방인처럼
힘 잃고 비틀대다가
서서히 꺼져가는 비의 랩소디

이미 늦은 사랑

파도는 잔잔한 바람만 불어도
나에게 다가와서
살가운 인연이 되어주었습니다

망망한 바다에
외로이 서 있던 나도
파도의 느낌이 참 좋았습니다

파도란
그져 왔다가 사라지는
하얀 물거품인 줄만 알았습니다

나는 깎이고 패이면서
예술의 세계가 깊어졌을 때
뒤늦게서야
파도의
순고한 사랑을 기억 해냈습니다

철얼썩 철얼썩
지칠 줄도 모르는 파도는
꿈적도 않고 제 할 일만 합니다
내 사랑도 몰라주고

여계화

내 안에 그대

난 그대가
잘 잤느냐고 인사하면
나 또한
그대의 안부를 묻네요

난 그대가
잘 자요 인사하면
나 또한
잘 자요라고 대답해요

그냥 그대가 원하는 건
무엇이든 할 수가 있는
내가 되고 싶어서죠

그렇다고 저를 아무렇게나
생각하진 말아 주세요

그대 맘이
내 마음이 될 때까지
참고 기다릴 뿐이죠

왜냐하면
그대는 나를 모르지만
나는 그대를
놓치고 싶지 않기 때문이죠

여계화

벌초

구름도 울고 넘는
추풍령 고갯길 달리고 달린다

장도 볼 겸 재래시장 들러서
고향의 맛 국밥 한 그릇씩 비우고
시골로 들어가는 길

산천은 그대로인데
북망산천 가신 꽃들이 하늘하늘
부모님께서 살아 계시다면
동구 밖이 사과꽃처럼 환 할 텐데

벌초는 이미 다 되어 있었고
조상님들께 성묘하고
시골의 넉넉한 인심 속에
친척들까지 함께라 더 행복한 날

마당엔 덩치 큰 백구와
감나무 석류 샤인머스캣 고추 깻잎도
가을빛에 한창 재잘대더니

오늘따라 해는 왜 이리 빨리 지는지
멀어지는 고향은 늘 아쉬워라
상행선 달리고 달렸다

청개구리

기침 소리 들리고
울 아버지 뭐라 하신다

반가움에 달려가 손 내밀면
아득히 먼 그곳에 계시고

그때나 지금이나
야야 한잔 묵자

나는 두말없이
아버지께 술 한 잔 따른다
안주도 한 접시 차려 놓고

이 강에 계실 때는
이해 불가
저 강에 계시니
완전 이해

청개구리
가슴으로 울었다

여계화

사랑하다 이별 후에

사랑하다 이별 후에
가슴 찢어지는 시간 안고
술병에 기대어 서럽게 우네요

시간이 지나면 언제 그랬냐고
말끔히 지워내고 푼 간사함이
웃어줄 그런 날 올까요

언젠가 다시
떠난 사랑이 구걸이라도 해오면
제발 나 좀 지워 달라고
애원할지도 모를 일인데
지금은 세상이 끝난 듯 서럽게 우네요

그래요 현실이니까요
참지 말고 그냥 실컷 우세요
지금 안 울면 언제 우나요

다시 좋은 인연이 오면
지금껏 흘린 눈물이 아까워서
모조리 쓸어 담으려면
조금은 힘든 날이 올지도 모르니깐요

서울의 봄

아슬한 길 막다른 길 쓸쓸한 길
흐르는 세월 유수라지만
어림없이 꽉 막힌 소리였다

천리 길도 첫걸음부터
한 달 월급 하루 만에 정산하고
백발노인의 걸음 같은 더딘 시간을
옥탑방 한 켠에 걸어 놓던 희망 한 조각

깊은 산 표범의 사자후도
짙은 어둠이 찾아들어야
밝은 여명도 오 듯이

평평한 길 새로운 길 외롭지 않은 길
꽉 막힘의 해제
또다시 느리게 길을 간다
늙음이 싫어서

젊음과 황혼이 손잡고
똑같이 220볼트의 전류로 흐른다
서울에도 봄이 왔다

여계화

솔직히라는 나라 말씀이

사람들은 말끝마다
솔직히 말해서라는 말을
곧잘 사용한다

그 말의 진실은
평소에는 솔직하지 못하고
지금은 솔직하다는 것인지

코에 걸면 코걸이
귀에 걸면 귀걸이라고

솔직히 말해서
솔직히라는 말은
액세사리 일 거야

세종대왕님께서도
글 밥에 고명을 아셨나 봐

그러니 적당히 쓰고 살면
너도나도 덜 피곤하지 않을까
솔직히 말해서

풍경 소리

하소연 좀 하려고
대웅전 뒤뜰로 갔다

동백꽃 뚝뚝 눈물 흘리고
오동나무조차도
퉁퉁 부어있더라

번호표 뽑고
한나절 줄 섰지만
직무에 시달린 임께서는
과로사로 퇴근하신다 하니

누구보다도
쩌렁쩌렁한 내 사연은
도로 가져가기 싫어서
풍경에 살랑살랑 걸어두고 가노라.

여계화

4부. 은근 행복한 동네

정이 넘치고 하늘 아래 둘도 없는
밤하늘 은하수 닿을듯한 달동네
은근 행복한 은행골이 나는야 좋아

은근 행복한 동네 중

은근 행복한 동네

촘촘히 들어선 허름한 빌라촌의 밤
이웃집 앞뒷집 산 아래 아파트까지
정겨운 풍경들이 평온히 잠들어 간다

터 잡고 살던 원주민들도 떠나고
때론 몹시도 싫었고 지금은 정들어
밤이면 달 보며 별 보며 행복에 젖는

언제까지 이곳에서 살게 될지 몰라도
하루도 안 보면 궁금한 이웃들과
낯설고 물 설지 않아서 마음 편한 곳

정이 넘치고 하늘 아래 둘도 없는
밤하늘 은하수 닿을듯한 달동네
은근 행복한 은행골이 나는야 좋아

메뚜기 한철에도 꿈이 산다

인연이 그런 거라지만
차가운 이별이 괴로워서
스스로 사망 진단서를 끊었다

못 견디게 그리워도
갈라서야만 하는 운명으로
하늘 우주장으로
장례식까지 치렀지만

혹여라도
함께 할 그런 날이 온다면
두 번 다시 일찌감치 요절하지 않고
천수를 다하길 희망하면서

마지막 발인은
벼농사 타작하는 마당에서
유언장엔 하트 한 개

결국엔 메뚜기 한철이
쓸쓸하게 종식됨을 선포함

추신으로는 윤회의 따른 환생을 꿈꾸며

여계화

갈대의 노래

바람이 부는 데로
한 몸이 되어버린
저 언덕 저 강가
갈대가 노래한다

흔들리지 않으려
덜컥 부러져 나간
갈비뼈가 몇 대인지

나만 그랬을 거라
서러워 울던 날도
어디 이 가슴에
멍 자국뿐이더냐

서로 부대끼며
은빛 머리 풀어헤쳐
먼 귀로의 동행길
참으로 고맙지 않소

단양팔경

의젓한 도담삼봉
두향 기생 그 사연에
님은 보이지 않고
인적 실은 뱃머리만 오가는데

철쭉꽃 피면 찾아오려나
단풍꽃 지면 돌아오려나

중선암에 물새 울면
거북이 구담봉 잠 못 이루고
님 그리워 애타는 마음
남한강 단양비경 너는 알겠지

아 꿈이었던가

물에 비친 사인암 기암절벽
달빛 안은 소나무야
님과 함께 정을 쌓던
옥순봉 구름다리 잊지는 말아주오

찰랑대는 청풍호 은빛 물결
소백산이 다하고 다할 때까지

여계화

왠수 외나무다리

만나면 괴로워서
요리조리 피한다고 피해봐도
역시 왠수 외나무다리더라

고향의 외나무다리는
아슬아슬 재미라도 있었다지만

왠지 저 다리만큼은
죽기보다 건너기 싫어서
바람조차도 외면하며
방향을 틀어 버리네

원증회고란 말이 있지 않은가
미워하고 싫은 사람과
우리는 만나야하고
피할 수 없는 고통 말이다

속 좁은 마음 그릇
제아무리 고쳐먹으려 해도
마음에 담장 허물어지기 전에는
그때마다 오금만 저려오니

영웅 가족

졸졸졸 파릇한 개울가
울 엄마가 부르던 자장가 소리
전깃불 호롱불도 없는
그늘막 집 두메나 산골

아침저녁 와닿는 손길
우리 가족 달래주며
생명수 한 바가지 벌컥대던

집안에 솟대로 살아온
애환의 그 세월들
국민 가슴에 억척스레
노란 시루 꽃 피운 조국이여

여계화

양푼리 매운탕

스트레스받으면
무조건 먹는다는 남자와
매운 건 못 먹는다고
내숭 떠는 여자들도

양푼리 시냇가
첨벙첨벙 뛰어다니며
이 생명 저 생명 잘도 잡아가며
물수제비 던지며
잘도 노는구나

육지가 바다 라면으로
주방장은 돛단배타고
중생에게 지성 들여 방생하고

열탕에 한소끔 흘린
개운한 땀방울에
주인장도 수족관 메기처럼
격하게 몸을 흔드네

막걸리 인생

막걸리 한 사발이면
처자식보다
내 삶이 전부였지

한평생 마셔도
그토록 갈증 나던 목덜미

몸도 맘도 여리지만
명색이 대장부 인생인데
아 어쩌란 말인가

남들이 손가락질해도
너와 함께라면
나의 속은 다 풀어지고

그제야
가족도 친구도
다시 돌아보게 되는 것을

오늘도
그냥 갈 수 없잖아
너의 허리춤 잡고 흔든다

해바라기 연가

오늘도 나는
목덜미 절레절레 흔들며
혼자만의 자유를 만끽하지요

언덕 위에 예쁜 집 짓고
우리 사랑 변치 말자던 그 약속
그대로 믿었었는데

당신은 하얀 민들레
나는 사무엘 소녀의 기도가 되어
오늘도 무사히라고
두 손을 모으네

한때는 오로지
둥지밖에 모르고
앞만 보고 달리던 가련한 당신

이렇게 마주 앉아
차 한잔 마시는 날이면
태양은 가득히 초원을 비추고

오직 한 사람만 아는 나는
지고지순 영원한
당신의 해바라기 꽃이랍니다

백일홍 오시던 날에

어디에서 오시는지
낯선 내 고향땅으로
새색시 시집을 오신다네

마을은 잔치가 벌어지고
꽃방석에 앉은 당신은
수줍어서 배시시 웃으신다

진분홍 그 고운 입술에
나의 두 볼도 꽃물 들어
시집가고 싶어 안달이 났군

저 하늘 구름을 잡아타고
백마 탄 왕자님이 오신다면
당신만큼은 예쁠 것만 같은데

더디 가는 세월이 원수 같아
벽시계 십 년쯤 돌려놓고
나도 당신 따라 시집을 간다네

여계화

달이 된 사랑

아파하지 마세요
인연이 닿지 않는다고

서러워도 마세요
당신 뜻 이룰 수 없다고

떠나지도 마세요
어차피
다가서지 못하니까요

다만
다가올수록
떠나야만 하는 그런 당신을

사랑할 수 없어서
많이 미안합니다

멀리서 기도하렵니다
그것만이
이룰 수 있는 사랑이기에

가을 사랑

나의 뜨거운 심장도
서정이 흐르는 산하에
붉어서 톡 톡 터지고

뭉게구름 하늘가에
고운 사연 적어서
그대에게 띄우나니

나는 그대를 만나
떨어지는 낙엽이라 해도
무척이나 행복합니다

그대는 나를
자신이 죽어 없어질 때까지
사랑하고 사랑한다고

아 가을은
이런 꿈을 꾸어도 좋을 만큼
미치도록 사랑하고픈

쓸쓸하고 고독한 계절
내 어찌
가을 가을 하지 않으리까

여계화

선홍빛에 물들다

중년의 그녀는
가을 하늘처럼 맑고 순수하다

함께 있는 것만으로도
내 마음을 선홍빛으로 물들이고

지아비와 서로 사랑하며
자연을 그리며 사는 화가이다

뜨락에 꽃들은
그녀만의 유일한 낙원 놀이터

수줍고 애교스런 앞치마엔
나이팅게일의 숭고함이 새겨져 있다

헤어져 있어도
그녀의 풀꽃 미소는 맑은 그리움이고

달빛 같은 은은한 성품은
엄마의 분꽃 내음이 서려 있다

그런 그녀가
문득 생각나는 날에는

한걸음에 달려갈 수 없어
초가지붕 박꽃들만 하얗게 피우나니

여계화

계절의 이중주

낙엽이 흩어지는
갓길 벤치에 나는 앉아 있다

사람들은 폰을 쳐다보느라
계절과의 씨름도 모르는지

바라본 하늘은 오늘따라
물에 물 탄 사람처럼 싱겁고

갈바람과 풀벌레 난타 공연은
바이올린 연주로
고막을 찢는 듯 나부껴

계절의 알람 기능은
초록 밥상 물리고
햅쌀밥 먹으라는 부름 앞에

차마 선뜻
수저를 들지 못함은

그렇다 해마다 이맘때면
얼마나 찬바람이 시려웠으면

이별 뒤에도 따스함이

가을이 갔다
화려하게 불타더니
앙상함만 남겨 놓은 뒷모습에
이젠 평온하게 겨울잠 들라는
서리꽃의 당부인지

어느 갯마을
자전거 탄 우체부가
아름다운 들판을 지나서 전해주는
안부 섞인 편지 한 통처럼

첫사랑의 맑은 향기가 나고
나의 입김 때문에
이내 사라질까 봐서
가만히 바라만 보는 날

여계화

가을날에는

가을날에는 오롯한 마음 하나가
너무나도 그립다

이렇게 잠 안 오는 가을밤은
그리움의 물줄기가
도무지 마르지도 않고

누군가가 나의 외로움을
다 채워라도 줄 것처럼
단풍나무 가지에다 소원지를 매달고

창공에 홀로 나는 외로운 기러기에게
반가운 소식을 기다린다

믿음과 순수함을 간직한 사람이
왜 이다지 그리운 걸까

가을날에는 누군가에게
나의 외로움 기대어 살고 싶고

나 또한 누군가에게
그런 사람이 되어 살고만 싶다

가을 타는 남자

흐르는 시간이 두렵고 무서운 건
한순간 쉽게
낙엽이 된다는 것 때문이지

마음 추스르며 비우려 해도
이미 물들어버린 만추

타인의 계절은
시린 손 외면하기에
생채기의 하얀 밤 홀로 지새우고

차창 가에 기대어
텅 빈 들녘 바라보니
매력 있는 그녀가 너무나도 보고 싶다

내가 누군데
천하에 잘난 내가 어쩌다가

믿고 싶지 않지만

여인아
여인아
밤새도록 부르고 싶은 나의 여인아

여계화

가을 산

누가 이토록
내딛는 산길마다
화려한 색칠을 해 두었나

아니 지금도
멈추지 않는 손놀림
천재적인 화가의 수채화

한잎 두잎 떨어지는
아릿한 색감의 단풍잎은
잔잔한 배경의 밑그림 같고

정상으로 올라갈수록
붉게 이글이글 타오르는
생애 마지막 다비식
장관 중에 장관이로다

꾸밈도 가식도 없이
저마다 소임 다한 홀가분함
밝고 명랑하기가 그지없어라

갈등

갈잎 타고
가실 듯
눈꽃 되어
오실 듯

가을 국화 이별에
보라 엽서 띄웠고

겨울 동백 버선발로
임
마중하였거늘

문지방에 한 발 걸친
계절이 울고 있다
윙윙

여계화

가을보다 깊은 그리움

가을은 아름답고도 쓸쓸하지만
철학자 같은 말을 건네줍니다

오묘한 가을 단상 앞에서
누구라도 시인의 마음이 되어
한 줄의 글이라도 쓰게 만들고

낙엽이 눈처럼 날리면
가로수 길에서 서걱이는 것은
깊어가는 외로움인지도 모릅니다

어떤 이는 허기진 마음으로
벤치에 앉아 하늘을 보다가
마음의 책갈피 어쩌지도 못하여

혼자만의 계절의 허상 앞에
금방이라도 눈물방울이 또르르
떨어질 것만 같습니다

어디까지나 깊어가는 것은
산과 바다를 한껏 물들이는
가을의 정취인 줄 알았지만

사람의 감정에 쌓여만 가는
단풍 같은 그리움은 이미
계절의 끝을 물들여놓고 말았습니다

첫눈

무심코 창을 여니
어쩌다 마주친 것은
손톱 끝에 봉숭아 꽃물 남아있던
아스라한 그 약속이었다

온 세상 개벽한 듯
김장 배추 노란 속 배기
삼합에 한 잔 술인가 했더니

시름시름 앓는 소리
마음만 흩어 놓고 언제 그랬냐는 듯
날름 혓바닥만 내밀고 가는지

어느 여유로운 날은
너를 더욱 뜨겁게 뜨겁게 태워서
첫사랑의 그리움으로 오다가
내 앞에서 펑펑 울어도 좋으리

여계화

떠나는 님

빛을 잃은 눈동자
바싹 마른 갈잎 되어
마지막 계절을 재촉하네

이별은 가속도를 내고
떠나는 자도 보내는 자도
할 말을 다 못하고

사랑도 미움도
다 놓고 가야 할 시간
눈물을 삼키며 또 삼키며

몽매한 지난 날들
순한 기억만 가슴에 남아서
이미 늦어버린 후회가
가슴을 치는 밤

안녕이란 말도
한마디 내뱉지 못하고
눈으로 마음으로 울던 사람아

작은 기도

이미 지나간 일
뇌리에서 떠나지 않는
자아의 혼선

찌지직
시시때때로 불꽃이 튀긴다

하루
일주일
한 달
일 년

드문드문 나타나서
쿡 찌르고 간다

잊고 살려는
엄청난 노력보다

두 손 모아
작은 기도 택해 본다.

여계화

질투

맘껏 가지면 안 돼요
저주의 대상도 싫어요

그대 사랑이 꽃처럼 예쁘고
너무
애교스러울 때면

아주 조금
조미료처럼
살짝만 뿌려 주세요

정월 대보름

오늘처럼
정월 보름달이 떠오르면

불효한 마음에
부모님 생각이 더 간절하고
지금은 어디에서 저 달을 보고 계실까

쥐불놀이하며 소원 빌던
어릴 적 내 동무들
달을 따던 고향 언덕 시냇물 소리

달 꽃 같은
내 동생 하얀 얼굴
계수나무 한 나무 토끼 한 마리

일찌감치 철들어
자상하던 오라버니와
착하기만 해서 놀려먹던 남동생

고향 집 떠나서
타향살이 몇십 년에도
저 달 속에 향수 잔은 마르지도 않는구나

여계화

설산

푸드덕 새소리
뿌드득~
설산 절경에
저절로 눈물이 난다

설국에 안겨
그리운 임 얼굴
산중 설경
아름다운 설화로 피었구나

산등성 골짝마다
하늘 눈꽃
보석빛

삼라만상
무언의 숨소리
모든 것을 내어주니

천하 대지
온 만물이
목화솜 이불을 덮고서
하아얀 사랑으로 수를 놓았다

일월의 단상

일월을 도둑맞았습니다
어쩜 그리도 야속히 가시는지요

어제는 오늘이 있다고
오늘은 내일이 있다고
그날이 그날인 게 싫었지만
눈 시퍼렇게 뜨고 있는데 코 벴네요

다음 달도 너 이럴 거면
죽을 각오나 해라
세상이 그리 만만하더냐
워메 나한테 왜 그런데요

꿈속에 달 토끼가 나타나서
마구 야단을 쳤어요

달 속에 자신도
땅에 사는 사람들을 위해서
불로약초 빻고 또 빻으며
열심히 살아간다며

이월은 꼭
일월의 마중물 놓고 가니
대보름달 환히 띄우라 하네요

여계화

시해설
영혼을 어루만지는 순정의 물음표
『계절은 커피 향기처럼』_여계화 시집

현대시선 시인 윤기영

영혼을 어루만지는 순정의 물음표

『계절은 커피 향기처럼』_여계화 시집

현대시선 시인 윤기영

1

시 쓰기 시작한 화자의 고민을 엿보는 시간이다. 시인의 다면적인 색채를 들여다볼 수 있다는 점에서 즐거움이 더했다. 세상에 많은 것을 만나서 보여주고 싶어 하지만 아직은 준비가 덜 된 것처럼 시간의 문턱에 서서 서성이는 습관을 이해하는 나의 존재를 글에서 보여주고 있으며 때론 의지하려는 심리적 요소들이 자리 잡고 있다.

여계화 시인의 첫 번째 시집 100여 편의 시를 연별해 보면서 아직은 시인의 따뜻한 가슴에 살아 숨 쉬고 있는 심장박동 소리를 들을 수 있다. 시인의 시에는 한 시대적 배경과 풍미한 문화의 가치가 주는 삶의 요소들이 독자가 읽을 공간을 만들어 주고 있어, 삶의 질을 한층 높이고 시로 하여금 소통의 장을 만들어 주고 있다는 것은 시인만의 누릴 수 있는 미래의 가치이다.

시인의 시에는 시대적 배경과 현실에 대한 소고는 온몸으로 사물을 통해 증명해 보이듯, 통념과 체제 등이 진지하게 거론되고 있는 언어에 대한 저항을 느끼게 한다. 시대적 여류작가들이 정체성을 보면 사랑과 숙명에 대해 절박하게 묻고 답했던 목소리가 남달랐던 시대가 있었다. 사회가 많이 변하면서 발성법과 언어 체계와 상상력을 지니고 있는 문학적 가치로 성장하고 있는 지금, 다양한 장르로 사회에 눈높이를 맞추고 있는 시인의 시적 정체성에 들어가 보기로 한다.

여계화 시인의 시집 『계절은 커피 향기처럼』(「잿빛 하늘이 드리운/가로수 길을 걸어가노라면 빛바랜 갈색 추억들이 찬비 되어/가슴을 적셔 놓았지만//어느샌가 창문을 가려주는/갈잎의 커튼 사이로/느긋해진 마음의 여유에는/따뜻한 라떼 향기가 씁싸르하다//심안에 머물렀던/커피 찌꺼기 꼭 짜내듯이/전성기 같은 한대의 열정도/휴면의 계절로 말없이 들어설 때//은은하게 물들여진 날들이/한껏 불태워져 뒤안길로 떠나는 모습/깔끔한 아메리카노 한 잔처럼/그 뒷맛이 참 좋다.」)에서 시적 성찰에서 물들어가고 있음을 말해 줌으로 마음 깊이 새겨둔 미약한 수행에 어쩌면 마음에서 느껴지는 여가다.

시는 시인에게 영혼의 사유로 보이지만 시인은 시적 사유에 접근하고 있음을 보게 된다. 시인이 가지고 있는 시의 사색에는 삶의 진정성에서 오는 문학적 가치가 중심사상에 접근하고 있어 유심히 살펴봐야 할 고도의 수사적 기교라고 본다.

중년의 그녀는
가을 하늘처럼 맑고 순수하다

함께 있는 것만으로도
내 마음을 선홍빛으로 물들이고

지아비와 서로 사랑하며
자연을 그리며 사는 화가이다

윤기영

뜨락에 꽃들은
그녀만의 유일한 낙원 놀이터

수줍고 애교스런 앞치마엔
나이팅게일의 숭고함이 새겨져 있다

헤어져 있어도
그녀의 풀꽃 미소는 맑은 그리움이고

달빛 같은 은은한 성품은
엄마의 분꽃 내음이 서려 있다

그런 그녀가
문득 생각나는 날에는

한걸음에 달려갈 수 없어
초가지붕 박꽃들만 하얗게 피우나니

『선홍빛에 물들다』에서

 여계화 시인의 『선홍빛에 물들다』에서 시는 지난 시간과의 소통이다. 박꽃이 피는 계절이면 찾아오는 비교법으로 소환하고 있음을 예시하고 있으며, 화자의 계절이 주는 의미가 서로 그리움이라는 상징성을 지니고 있다. 그렇듯 시인의 마음에서 주는 계절의 사유는 동화가 되어 자리 잡고 있다.

 시로 내재된 사물을 묻고 또 물으며 서로를 간섭하고 침범하는 공간 속에 놓여 있는 삶의 의미가 부여되는 내면의 세계를 들어가 보자

나무 아래 앉아서

나무가 들려주는
다양한 음악들을 들으면
삶이 풍요로워짐을 느낀다

여러 사람들이 보내 준
시와 사연들을
나무가 잔잔하게 낭독할 때면

듣기만 해도 위로가 되고
편안한 목소리는
새보다도 맑고 평화로워라

추운 날에도 사람들은
나무 아래로 모여든다
마음의 온도 유지하려 함인지

곧은 심지 곧게 뿌리내린
나무 아래 앉아서

고요히 사색하는 일은
우리들 가난한 마음속에
성소 하나 들이는 일 아니런가

『나무 아래 앉아서』에서

 여계화 시인이 가지고 있는 심미안 『나무 아래 앉아서』에서 보면 인생(철학) 나무로부터 수미상관으로 제시되지만, 반복법을 통해 존재감을 드러내고 있다. 그 나무 아래서 들려주는 나뭇잎 소리는 인생이 되고 삶이 된다는 간절함의 노래가 계절마다 들려주는 삶이 되었다.

윤기영

1부에서 『계절은 커피 향기처럼』『선홍빛에 물들다』 『나무 아래 앉아서』에서 시인의 사실적 묘사들로 직유하고 있음을 잘 보여주고 있다. 3편의 시에서 공통점이 있다면 강조법이 강하게 자리 잡고 있다. 계절과 사물 두 분류로 연계성을 지니고 있고, 이야기 구성이 독특한 시작법을 사용하고 있으며 반복적으로 상기시킴으로써 독자와 소통을 끌어드리고 있다.

 여계화 시인의 시어들은 만났던 장소의 상징성은 중요함을 말하고 있다. 시의 사유적 구조와 상상력으로 감동을 얻어 내고 있으며, 시인의 시를 감상하면서 서정시와 풍류 시를 이해하는데, 큰 도움이 된다. 시인의 다채로운 문장의 배합으로 삶을 만들어가는 시어가 질문을 던지며 기대하게 만든다.

2

 시인의 감정을 이곳에서 나의 실존의 세계처럼 영감을 느끼는 화자의 세계가 기다려지게 하는게 사실화되었다. 순수하고 진실한 모습은 사유를 통해 안주하지 않고 다채로운 오감으로 들려주는 자유로운 영혼의 세계로 끌어드린다.

 『엄마와 쑥녀』 여계화 (「사춘기 시절 숙녀에게로 가는 길은/비밀스러운 고통이었다//대신 아프고 싶다던 울 엄마/봄처녀 쑥녀들이 당첨되어/인정사정없이 우물가로 데려와서는//돌로 으깨고 빻아 베보자기에 비틀면/하얀 사발에 초록 눈물 뚝뚝 떨어지고//나는 그 쓰디 쓴 비상약을/응석 부려가며 단숨에 벌컥이곤 했다//그날부터 장독대 위엔/쑥녀들의 눈물속에 달과 별이 떠 있었고//새벽이슬과 하롯밤 합방한/엄마표 민초의 한방 생쑥탕은//수시로 내게로 들락거리며/효과는 백점에 백 이십점/나를 고통에서 살려낸 울 엄마//봄이면 쑥녀들 지천으로 오건만/한번 가신 울 엄마는 하얀 찔레꽃/머리에 이고만 계실까」)에서

『비밀의 정원』(「내가 살면서/힘들고 외로울 때 찾아오는/이곳은 주인도 대문도 없는/일방통행으로 들어서는 문이다//고요히 앉아서 먼 산 바라보다가/식은 종이 커피잔 속에/희미한 그리움들이 지나가는/나만의 힐링 장소이자/비밀의 정원이다//이런 곳 하나 정해놓고/마음 정화하는 이 시간은/내 모습 속에 얽힌 또 다른 이들을/위로하고 다독이다가/꽃이 되고 새가 되어 돌아가는 곳//나는 이 비밀의 정원을/아무런 대여비도 들이지 않고/몇 년째 혼자 사용하고 있으니/참으로 행복한 사람이 아닐 수없다」)에서

『마음에 부치는 노래』 함석헌 (「세상이 거친 바다라도/그 위에 비치는 별이 떠 있느니라/까불리는 조각배 같은 내 마음아/너는 거기서도 눈 떠 바라보기를 잊지 마라//역사가 썩어진 흙탕이라도/그 밑에 기름진 맛이 들었느니라/뒹구는 한 떨기 꽃 같은 내 마음아/너는 거기서도 뿌리 박길 잊지 마라//인생이 가시밭이라도/그 속에 아늑한 구석이 있느니라/쫓겨가는 참새 같은 내 마음아/너는 거기서도 사랑의 보금자리 짓기를 잊지 마라//삶이 봄 풀의 꿈이라도/그 끝에 맑은 구슬이 맺히느니라/지나가는 나비 같은 내 마음아/너는 거기서도 영원의 향기 마시기를 잊지 마라」)에서

『고목』 유치환 (「내 고궁(古宮) 뒤에 가서 보니/뉘 알려지도 않은 높다란 고목 있어/적막히 진일(盡日)을 바람에 불리우고 있었도다/그는 소경인 양 싹도 틀려지 않고/겨우살이 말라 얽힌 앙상한 가지는//갈리바의 머리깔처럼 오작(烏鵲)이 범하는대로/오오랜 고독에 무쇠같이 녹쓸어/종시 돌아옴이 없는 저 머나먼 자를 향하여/소소(嘯嘯)히 탄식하듯 바람에 울고 있었도다」)에서

　여계화 시인의 『엄마와 쑥녀』『비밀의 정원』에서 시대를 풍미한 문화 요소들을 배치해 읽는 이를 공감과 향수로 가득한 시 세계 속으로 끌어들이고 있다. 자연

윤기영

이 주는 이치에서 시인의 풍부한 시적 정신세계가 심상을 통해 잘 전달되고 있다.

『마음에 부치는 노래』 함석헌 시들도 시인의 간결한 삶의 밑거름을 들려주는 호소력이다. 그렇듯 사물과 심상을 통해 인생의 진리를 배우고 있음을 암시하고 있다.

『고목』 유치환 시인의 작품도 고목을 통해 얻어지는 진리다. 바람의 소리를 들으며 지난 시간과 현실을 직시하며 잠시 오감에 젖어 드는 시간은 나이를 들여다 보는 세월이 되었다.

여계화 시인의 시는 서정과 산문이 결합한 문장으로 창의력이 강하게 보인다. 시의 미학적 구조에는 가족과 사물에 대한 균형이 있다. 그 균형 속에서 감동 발자취를 느끼며 독특한 문장 언어와 상징되는 삶의 밑걸음을 그리고 있다. 삶은 향수의 긴 통로에서 얻어지는 진리와 사물과의 대화하는 방식에서 시상을 이끌어 내는 인생의 여정이 있다.

시인이 가지고 있는 다채로운 색채로 들어가 보는 시간이다. 여가 없이 진솔한 마음의 문을 여는 세계에서 그가 가지고 있는 여백을 만나보자

저녁밥 먹고서
논두렁 사잇길로
마실 나갈 때면

개굴개굴 개구리
숨넘어가는 사연에
온 동네가 휘둘리네

도랑물은 졸졸졸
달빛 고이 내려와서
대낮같이 밝혀 놓고

동무들과 손잡고
과수원 길 지날 때면
탱자나무 울타리로
유혹하던 능금 꽃

뚝방길 따라서
별 하나 별 둘 별 셋
꿈을 먹던 친구들
늘 그립고 보고 싶다

『능금꽃 필 무렵』에서

아슬한 길 막다른 길 쓸쓸한 길
흐르는 세월 유수라지만
어림없이 꽉 막힌 소리였다

천리 길도 첫걸음부터
한 달 월급 하루 만에 정산하고
백발노인의 걸음 같은 더딘 시간을
옥탑방 한 켠에 걸어 놓던 희망 한 조각

깊은 산 표범의 사자후도
짙은 어둠이 찾아들어야
밝은 여명도 오 듯이

평평한 길 새로운 길 외롭지 않은 길
꽉 막힘의 해제
또다시 느리게 길을 간다

윤기영

늙음이 싫어서

젊음과 황혼이 손잡고
똑같이 220볼트의 전류로 흐른다
서울에도 봄이 왔다

　　　　　　　　　　『서울의 봄』에서

　여계화 시인의 두 편의 시에서 보이는 동심과 향수가 환유하고 있는 세월의 그림자다.

『능금꽃 필 무렵』에서 동심을 그대로 수채화처럼 그려져 있다. 『서울의 봄』 또한 서울에서의 삶들이 가슴 한자리 메우고 있는 향수 들이다. 시인의 시의 정체성을 물어보고 가야 할 시간이다. 삶에서 주는 연대와 고향에 대한 그리움은 삶과 밀접한 관계로 형성되어 자신도 모르게 되돌아갈 수 없는 영혼의 여행이다. 그렇듯 시인이 가지고 있는 심상들은 과거와의 삶을 즐기고 있는지도 모른다.

　1부. 『계절은 커피 향기처럼』『선홍빛에 물들다』『나무 아래 앉아서』에서 여류시인답게 아름다운 사색에 물들이고 있다. 계절에서 보여주듯 시인의 삶은 가을쯤 되어가고 있지 않을까 싶다. 인과사의 공존 속에 감성을 통해 얻어지는 진리와 삶의 그림자를 여가 없이 직유해 줌으로 시인이 가지고 있는 심상의 의미는 독자와 소통하는 길을 열어 두고 만남을 기다리고 있음을 암시하고 있다.

2부. 『엄마와 쑥녀』 『비밀의 정원』 『능금꽃 필 무렵』 『서울의 봄』에서 시간적 심상을 통해 얻어지는 심미안을 그리고 있는 시인의 시 세계는 다채로운 색채로 사유하고 있음을 보여주고 있다. 동심과 세월이 주는 흔적과 현실에 적응하는 소견 같은 밑그림들이 수채화 속에 피어나고 있음을 말해 줌으로 가족과 고향, 그리고 친구들의 목소리를 들으며 내 나이를 들추어 보는 여운이 담백한 서정시의 향수를 느끼게 하는 삶의 세계다.

 1.2부를 통해 시인이 가지고 있는 시적 세계를 엿보는 시간은 참 흥미롭고 진지한 시간이었다. 시인이 가지고 있는 시어의 선택이나 자연에서 주는 오감과 심상을 통해 참다운 마음을 엿보게 되었다. 3부에서 또 다른 다양한 문화가 주는 삶의 길을 기다려 보는 시간이 될 것 같다. 다채로운 삶의 여백을 그린 시향이 기다려지는 시간이다.

3

 시를 쓰는 일은 운동선수가 필사적으로 메달을 따기 위해 노력하는 일이다. 글 쓰는 일 또한 인류가 멸망할 때까지 상실과 절실함에서 벗어 나서는 안 된다. 시는 게임처럼 즐기며 써야 한다. 시인의 시 속에는 현실을 직시하는 과거와 현재를 넘나드는 우리의 초상이 선언처럼 옮겨지고 있음은 자신으로부터 과거와의 타협을 소진하고 있음을 본다.

윤기영

여계화의 시어들을 보면 시골집 금 간 곳을 뜯어고치는 건축학처럼 시를 습작한 영력이 시집을 통해 보여주고 있다. 그렇듯 시인의 마음을 세상에 내놓기까지 많은 고민이 보인다. 시인의 또 다른 시적 담론에 성찰해 보는 시간이다.

살다 보면 뜻하지 않게
힘든 날도 오더라

깊은 한숨
하늘 끝까지 닿고도
먹구름 엎친 데 덮쳐

두려운 나머지
낯 두꺼비 가면 쓰고
무작정 뛰어든 망망대해

불어라 풍랑아
휘청휘청
노 저어가는 사공 되어

오래오래 견뎌내야만
순풍의 돛이 펄럭이는지

쉼 없이 달리고 달려서
벼랑 끝에서도
봄이 오네 꽃이 피네

『벼랑 끝에서도』에서

그가 떠났다
그가 남긴 자리에는
아스라이 고인 눈물 끝에

시린 언어들이 안쓰럽다

누가 그리도
쉽게 갈 수 있느냐고
누가 그리도
쉽게 보낼 수 있냐고
서로가 묻지도 못한 채

떠나는 그대
너무 아쉬워 말아요
어차피 우린
사랑 반 아픔 반으로
살아왔으니까요

멀리서도
그리움이 오면
그대 빈자리
모두 사랑으로 채워지겠죠
부디 잘 가요 그대여

『그대 떠난 빈자리』에서

여계화 시인의 『벼랑 끝에서도』 『그대 떠난 빈자리』에서 주는 의미는 또 다른 서사들이다. 시인은 창틈에서 들어오는 빛을 통해 하루의 삶을 꿈꾸고, 사람들이 걸어가는 소리를 들으며 인생 역경을 딛고 걸어온 시대적 밑바탕들이 시에서 짓누르는 통증을 느끼는 동심의 불빛에 멈춰서 있다.

『벼랑 끝에서도』에서 시인은 태풍과 자신의 몸과 마음의 싸움은 힘겨웠지만, 자연의 이치에서 깨달음을 배운다. 아무리 태풍이 불고 힘난한 여정의 길에도 꽃은 피고 봄이 온다는 자연의 섭리를 보여줌으로 희망을 엿보게 한다.

윤기영

『그대 떠난 빈자리』에서 보여주는 이별의 노래 또한, 예고 없이 찾아온 이별과 슬픔은 절규에 대한 아픔이 내포되어 있다. 삶의 애환 노래는 희열을 느끼고 있음을 예시해줌으로 시인의 대채로운 삶에서 오는 오열과 문장이 이끄는 시적 수행을 잘하고 있음에서 여운을 남긴다.

우리들 마음이 사막일 때
날마다 배려의 나무 한 그루씩
사람과 사람 사이에 심어 놓는다면

아주 느리게 걸음마 하는
여리고 순한 아이들 세상에서

초롱한 눈빛이 초록 세상으로 번져가고
어느 날엔 울창해진 숲 속의 향기는
요정들의 팅커벨 울리는 소리가

『배려하며 산다면』에서

망초 꽃 피던 호시절 지나
우여곡절 산 넘고 물 건너서
공생의 삶 윤회로 이어져
지화문 느티나무는 새살이 돋았다

멀고 아득한 망각의 강 너머로
세월의 쓴 약초를 달여 마시고
행궁은 다시 망월로 떠올라
용케도 터 잡고 집 한 채 지었는지

성곽길 굽이돌아
수어장대 돌담 의연한 무궁화 꽃
먹구름 걷힌 서문 하늘가에서

황홀한 도심의 야경을 볼 줄이야

인고의 벼랑 끝이 빚어낸
한 편의 역사 대하 드라마
사계절 아름다운 산성의 둘레길은
말발굽 소리 대신 산객들 넘나들고

벌봉재 넘어 암자까지
이름 모를 산 제비도 따라와서
가신님 위한 그리움의 행진곡
가슴마다 한 송이 꽃을 받치나이다

『남한산성』에서

  여계화 시인의 『배려하며 산다면』『남한산성』에서 또한 시인의 자화상이다. 자연의 이치에서 (「초롱한 눈빛이 초록 세상으로 번져가고/어느날엔 울창해진 숲속의 향기는/요정들의 팅커벨 울리는 소리가」)에서 시인은 서로의 푸른 숲은 오랜 시간 동안 만들어지고 있음을 제시해줌으로 인생 여정의 길을 자연의 이치에 부정하지 않고 순리에 적응하는 역할을 보여주고 있다. 『남한산성』에서 시간적 흐름을 진솔하게 보여주고 있다. (「인고의 벼랑 끝이 빚어낸/한편의 역사 대하드라마/사계절 아름다운 산성의 둘레길은/말발굽 소리 대신 산객들 넘나들고」)에서 성각 둘레 길을 환유해 줌으로 바람 소리를 듣고 선조들의 영혼을 그리며 사물을 성찰하는 묘미가 돋보이는 풍자의 스리를 그리고 있다.

  3부의 『벼랑 끝에서도』『그대 떠난 빈자리』『배려하며 산다면』『남한산성』에서 진정한 자연이 무엇인가 제시해줌으로 시인의 실론적 가치와 더불어 삶의 의미를 부각해 줌으로 지난 시간과 역동적으로 승화시켜 준

윤기영

다. 시인의 언어는 순수하고 역량이 있는 철학적 사명감들이 투철하게 투시하고 있다. 과거와 현실을 하나하나 놓치지 않고 시인이 가지고 있는 재능을 보여줌으로 여류작가의 아름다움 미를 역동적으로 그려내고 있다. 삶에서 구속받지 않는 자연의 비밀정원 하나가 만들어지는 과정이 기다려진다.

4

 시인이 가지고 있는 시인 정신을 높이 평가한다.
차분하게 이끄는 시적 색채들을 성찰을 통해 진지하게 보여줌으로 시인의 다채로운 서정의 존재가 심미안으로 꽃피우는 시 세계를 지극한 사랑을 다면적으로 들여다보고 있다. 시인은 엄마로서 가족 중심에 서서 지난 과거와 현실을 직시하며 많은 이야기들의 존재를 보여주고 싶지만 많은 시간의 시각적 차이는 다 커버린 나무들이다. 우린 지난 시간을 되돌아보며 후회 없는 삶은 아니었는가 되물어보면 눈에 선한 부모님의 희생정신을 바라보며 자신으로부터 깨달음의 경지에 도달해 있는 시간 여행을 볼 수 있다.

무심코 창을 여니
어쩌다 마주친 것은
손톱 끝에 봉숭아 꽃물 남아있던
아스라한 그 약속이었다

온 세상 개벽한 듯
김장 배추 노란 속 배기

삼합에 한 잔 술인가 했더니

시름시름 앓는 소리
마음만 흩어 놓고 언제 그랬냐는 듯
날름 혓바닥만 내밀고 가는지

어느 여유로운 날은
너를 더욱 뜨겁게 뜨겁게 태워서
첫사랑의 그리움으로 오다가
내 앞에서 펑펑 울어도 좋으리

『첫눈』에서

왜 몰랐을까
부모님 살아계신 집
꽃 대궐이었다는 걸

이 한 몸만 잘 먹고 잘살기 위해
부모님 생각 안중에도 없을 때
부모님은 기다림도 모른 채
홀연히 가시 었네

가신 뒤에야 알았네
살아생전 효도 못 한 불효의 가시가
긴긴날 두고두고 목젖에 붙어살고
부모님 안 계시는 마음이 가난한 집
스스로 면치 못하네

『부모』에서

   여계화 시인의 시처럼 삶에서 주는 의미가 남다르다고 본다. 자연의 이치를 깨닫고 부모와 가족 친구를 성찰해 주고 있다. 자연과 더불어 살아가는 존재 의식 그리고 생명의 근원이 되는 찬미는 서정시의 낭만적 결합을 그리고 있다. 마음에서 오는 시적 성찰로 만남으로써 시의 영혼이 아름답게 수놓고 있다.

윤기영

『첫눈』(「무심코 창을 여니/어쩌다 마주친 것은/손톱 끝에 봉숭아 꽃물 남아있던/아스라한 그 약속이었다」) 화자는 첫눈과의 인연이 다가와 있다. 첫사랑처럼 아름다운 장면이 연출되고 있다.

『부모』(「가신 뒤에야 알았네/살아생전 효도 못 한 불효의 가시가/긴긴날 두고두고 목젖에 붙어살고/부모님 안 계시는 마음이 가난한 집/스스로 면치 못하네」) 바쁘다는 핑계가 후회스러운 날들로 효도 못 한 마음의 죄는 원망과 서러움에 도달해 있다.

시인의 시 세계관은 남다르다고 본다. 인간적인 체취가 가까이 다가와 있다. 자연과 더불어 살아가는 순수함이 진솔하게 정제되어있는 삶의 작품을 만날 수 있다.

가을이 갔다
화려하게 불타더니
앙상함만 남겨 놓은 뒷모습에
이젠 평온하게 겨울잠 들라는
서리꽃의 당부인지

어느 갯마을
자전거 탄 우체부가
아름다운 들판을 지나서 전해주는
안부 섞인 편지 한 통처럼

첫사랑의 맑은 향기가 나고
나의 입김 때문에
이내 사라질까 봐서
가만히 바라만 보는 날

『이별 뒤에도 따스함이』에서

여계화 시인은 『이별 뒤에도 따스함이』에서 그려지는 성품인지도 모른다. 시적 관념의 세계가 존재하지 않는다는 말이 더 정확한 표현일 것이다. 가을이 가고 겨울이 왔음은 다시 꽃피을 봄이 기다리고 있다는 증거로 시적 사유가 돋보이는 시의 세계다. 시인은 사물의 체험을 통해 얻어지는 순수한 서정의 세계, 어쩌면 시를 쓰기 위한 정직함은 오래 간직할 수 있다는 표현력으로 여운을 남긴다.

3부의 『첫눈』『부모』『이별 뒤에도 따스함이』에서 정서적 고향이라는 이름과 타향살이의 풍경은 시대적 실존의 가치가 있다. 부모와 동심의 세계는 고향, 동네 마을이 고스란히 가슴에 비춘 거울로 자리 잡고 있다.

여계화 시인의 첫 번째 시집 해설을 마무리할 때가 된 것 같다. 인생, 역경 그 속에 그려지는 이야기들은 시인의 정신세계이며 자연의 성찰을 통해 얻어지는 서정시가 있다. 시인은 오감과 언어의 품격을 지키려 고단한 삶에서도 청아한 자연의 노래를 부르는 시인의 삶에 찬사를 보낸다.

여계화 시인의 시는 고향과 가족에 대한 성찰로 값진 선물이 아닌가 싶다. 과거와 현재의 중요성과 자연에서 주는 사물에 대한 존재 의미 등은 시를 쓰게 하는 원동력인지 모른다. 가족의 중심에는 시를 쓰게 하는 유년 시절이 있고, 삶에는 숙명처럼 기다리고 있는 부모가 자리를 지키고 있다. 100여 편의 시를 일별하면서 느낀 사유는 부모의 성찰이다. 시인이 가지고 있는 성품 또한 시대적 가치로 남을 것이다. 시인의 고향, 그리운 친구들을 떠올리며 회한에 젖는다. 교훈적 실존적 가치로 발돋움하는 서정시인이 되었으면 한다. 사물의 성찰로 감성을 분사하는 서정 시인의 정신을 발양하고 있어 앞으로 큰 발전이 기대된다. 시의 정신을 높이 평가한다. 그리고 시집 상재를 축하한다.

윤기영

창작동네 시인선 174

계절은 커피 향기처럼

초판인쇄 | 2024년 2월 28일
지 은 이 | 여계화
편 집 장 | 정설연
펴 낸 이 | 윤기영
펴 낸 곳 | 도서출판 노트북 **등록** | 제305-2012-000048호
주   소 | 서울시 동대문구 사가정로 256-4 나동 101호
전   화 | 070-8887-8233 **팩스** | 02-844-5756
H   P | 010-8263-8233
이 메 일 | hdpoem55@hanmail.net
판   형 | 신한국판형 130-210/ P144

ISBN 979-11-88856-77-0-03810
정 가 10,000원

2024년 2월_계절은 커피 향기처럼_여계화 제1시집

한국시 현대시

*잘못된 책은 교환해 드립니다.
*저자와의 협의로 인지는 생략합니다.